Datenspeicherung und -transformation. Der Weg der Rohdaten von der Datenbank bis zur Ausreißererkennung

Georgy Khromov

GRIN

Bibliografische Information der Deutschen Nationalbibliothek:

Die Deutsche Nationalbibliothek verzeichnet diese Publikation in der Deutschen Nationalbibliografie; detaillierte bibliografische Daten sind im Internet über http://dnb.d-nb.de abrufbar.

ISBN: 9783346662729
Dieses Buch ist auch als E-Book erhältlich.

© GRIN Publishing GmbH
Nymphenburger Straße 86
80636 München

Druck und Bindung: Books on Demand GmbH, Norderstedt Germany
Gedruckt auf säurefreiem Papier aus verantwortungsvollen Quellen

Das Buch bei GRIN: https://www.grin.com/document/1234529

Datenspeicherung und -transformation: Der Weg der Rohdaten von der Datenbank bis zur Ausreißererkennung

vorgelegt am: 01.05.2022

von: Georgy Khromov

Studienbereich: Technik

Studiengang: Wirtschaftsinformatik

Inhaltsverzeichnis

Abbildungsverzeichnis

Tabellenverzeichnis

Abkürzungsverzeichnis

(M/R)OLAP	(Multidimensional/Relational) Online Analytical Processing
(R-)DBMS	(Relational) Database Management System (deutsch: (relationales) Datenbank-managementsystem)
API	Application Programming Interface (deutsch: Anwendungsprogrammierschnitt-stelle)
C(R)UD	Akronym für Create, (Read), Update, Delete (deutsch: Erstellen, Lesen, Aktuali-sieren, Löschen)
CLI	Command Line Interface (deutsch: Kommandozeile)
CMS/DMS	Content / Document Management System
CRM	Customer – Relationship – Management (deutsch: Kundenbeziehungsmanage-ment)
DBS	Database System (deutsch: Datenbanksystem)
DWH	Data Warehouse
ERP	Enterprise – Resource – Planning (deutsch: Unternehmensressourcenplanung)
IDE	Integrated Development Environment (deutsch: integrierte Entwicklungsumge-bung)
NoSQL	Not only SQL (deutsch: nicht nur SQL)
ODS	Operational Data Store
SQL	Structured Query Language (deutsch: Strukturierte Abfrage-Sprache)

1 Motivation und Zielsetzung

1.1 Motivation zur Bearbeitung der Projektarbeit

Im letzten Jahrzehnt haben Daten stark an Bedeutung für Unternehmen gewonnen. Die Unternehmen versuchen so viele Daten wie möglich zu sammeln, um einen Vorsprung vor ihrer Konkurrenz zu erlangen.
Data Science und Datenanalyse sind ein essenzieller Bestandteil der Industrie geworden. Sowohl ein Algorithmus, der dem Nutzer für Ihn interessante Produkte vorschlägt, als auch ein Algorithmus, der es ermöglicht Kreditkartenbetrug zu erkennen, basieren auf den oben genannten Feldern der Wissenschaft. Diese Projektarbeit ist aus Interesse an der Data Science und Datenanalyse entstanden.

1.2 Schwerpunkte und Zielsetzung

Das Feld der Data Science umfasst viele Bereiche, somit ist eine thematische Abgrenzung nötig. Die Themenschwerpunkte der Projektarbeit liegen auf folgenden Bereichen:

- Datenbanken
- Data Warehouse
- APIs
- Datentransformation
- Ausreißererkennung

In folgender Abbildung ist die Einordnung der Arbeit in eine übergeordnete Problematik grafisch, mit roter Umrandung, dargestellt.

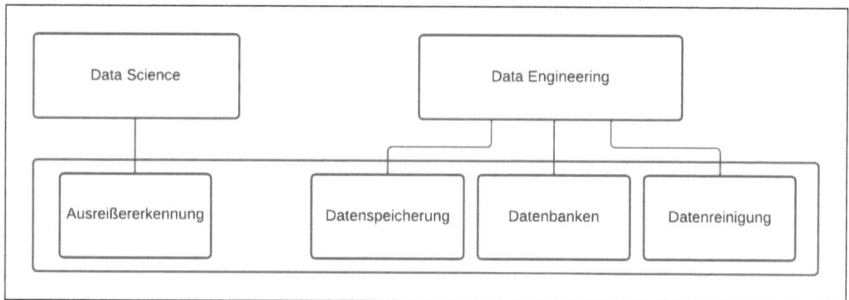

Abbildung 1: Einordnung der Problematik

Das Ziel der Arbeit ist dabei, einen Überblick über die genannten Bereiche zu verschaffen und deren Konzepte zu erläutern. Anschließend soll das erworbene Wissen auf einen Open – Source Datensatz angewandt und mit Hilfe der Programmiersprache „Python" eine Ausreißererkennung durchgeführt werden. In den folgenden Kapiteln wird der Weg der Rohdaten aus einer Datenbank über die Datentransformation bis zur Ausreißererkennung erläutert, untersucht und an einem Datensatz angewandt.
Als Erstes wird der Begriff der (Roh-)Daten nahegebracht und der Datensatz vorgestellt. Im darauf folgenden Kapitel wird das Konzept der Datenbanken, insbesondere des RDBMS, erläutert. Anschließend wird der vorgestellte Datensatz in eine Datenbank eingespeist. In Kapitel 4 wird die Anbindung der Datenbank an ein Data Warehouse erläutert. Dieses Konzept wird vorgestellt und in der Praxis angewandt. In dem folgendem Kapitel Über APIs wird auf das Data Warehouse zugegriffen. Nach dem Zugriff wird im Kapitel 6 Ausreißererkennung mit „Python" durchgeführt.

2 Untersuchung des Datensatzes

2.1 Begriff der Rohdaten

Data Science ist eine Wissenschaft, welche es sich zum Ziel setzt Daten mit modernen Technologien zu analysieren und Wissen aus den Erkenntnissen zu schöpfen.[1] Um bei einem Data – Science – Projekt an neues Wissen zu gelangen, wird zunächst mit der Erarbeitung einer präzisen Zielsetzung begonnen. Diese soll wie ein „roter Faden" durch das Projekt agieren und legt fest, wonach die Daten analysiert und welcher Mehrwert geschaffen werden soll. Nachdem das Ziel festgelegt wurde, werden die Daten zielgerichtet erhoben.[2]

Diese Daten werden als Roh- oder Primärdaten bezeichnet. Diese liegen in ihrer ursprünglichen, nicht weiterverarbeiteten Form vor. Daher enthalten diese Daten oftmals fehlerhafte oder unvollständige Einträge.[3,4] Erst nach einer Bereinigung kann eine aussagekräftige Analyse durchgeführt werden, da keine Störungen oder Anomalien durch fehlende, unvollständige oder inkorrekte Daten entstehen können. Die bereinigten und transformierten Daten werden Sekundärdaten genannt.

2.2 Art der Datenverfügbarkeit

Im Allgemeinen wird es zwischen zwei Arten von Datenverfügbarkeit unterschieden, Open Data und Non – Open Data.

Bei Open Data handelt es sich um frei verfügbare Daten. Diese können aufgrund von offenen Lizenzen (beispielsweise Creative Commons) frei verwendet und verbreitet werden.[5] Beispiele für Open Data sind Geodaten, Statistiken, wissenschaftliche Publikationen und Lehrmaterial.[6]

Die Non – Open Data sind das Gegenpart zu den Open Data. Darunter versteht man Daten, die nicht der Öffentlichkeit zur Verfügung stehen. Es sind z. Bsp. Daten, welche von den Unternehmen intern erhoben werden und benutzt werden können, um einen Wettbewerbsvorteil zu erlangen.

2.3 Anwendungsbeispiel: Vorstellung der Rohdaten

Um den theoretischen Ansatz von den Konzepten in der Praxis umzusetzen, werden diese Konzepte auf einen Übungsdatensatz angewandt. Dabei handelt es sich um einen Datensatz, der simulierte Kreditkartentransaktionen beinhaltet. Unter legitimen Transaktionen sind betrügerische Transaktionen untergebracht. Das Ziel ist es die illegitimen Transaktionen zu identifizieren.[7]

Der Datensatz wird unter der CC0 Lizenz von der Plattform „Kaggle" zur Verfügung gestellt. „Kaggle" ist eine unabhängige Plattform, die Kurse und Datensätze zum Erlernen von Prinzipien vom maschinellem Lernen anbietet. Die CC0 Lizenz sagt aus, dass auf diesen Datensatz kein Copyright besteht und dieser frei kopiert, verändert, verbreitet und verwendet werden kann, sowohl für private, als auch für kommerzielle Zwecke.[8] Somit kann dieser Datensatz als Open Data eingestuft werden.

In dieser Projektarbeit wird die Programmiersprache Python zur Untersuchung und Transformation des Datensatzes sowie der Ausreißererkennung genutzt. Python besitzt mehrere leistungsvolle Funktionsbibliotheken, wie *pandas* und *NumPy*, welche die Datenanalyse unterstützen. Das macht diese Sprache zu einer hervorragenden Wahl für Data – Science – Projekte.

---

[1] Vgl. [Abd22], S. 57
[2] Vgl. Ebenda, S. 60
[3] Vgl. [Sta19], S. 469
[4] Vgl. [Abd22], S. 60
[5] Vgl. [Bun21]
[6] Vgl. [GL10], S. 3
[7] Vgl. [She20]
[8] Vgl. [Cre21]

Vor dem Beginn der Datenreinigung und -transformation ist es vorteilhaft den zu untersuchenden Datensatz näher zu betrachten. Somit kann ein Überblick über die Dimensionen des Datensatzes gewonnen werden.
Zunächst wird ein neues Python – Projekt angelegt. Die Datei *fraudTrain.csv* beinhaltet den zu untersuchenden Datensatz und soll zur einfacheren Bedienung in den Projektordner verschoben werden. Das Dateiformat CSV (Comma – separated values) beschreibt den Aufbau einer Textdatei, die mit einem Separator (z. Bsp. Komma, Punkt, Semikolon) getrennte Werte speichert. Dabei steht jede Zeile für eine Zeile im Datensatz und jeder Wert der CSV – Datei für einen Wert in dem Datensatz. Die Werte, die sich auf der gleichen vom Separator getrennten Position innerhalb der Zeilen befinden, werden in derselben Spalte gespeichert.[9]

Der erste Blick auf die Daten erfolgt mithilfe von der Funktionsbibliothek *pandas*. Diese ermöglicht die Arbeit mit sogenannten *DataFrames*, die als zweidimensionale Tabellen gesehen werden können und eine Vielzahl von Funktionen zur Verar-

```
import pandas as pd

df = pd.read_csv("fraudTrain.csv", sep=",", index_col=0)
```

Abbildung 2: Import von pandas und dem Datensatz

beitung bieten.[10] Vor dem Einsatz der Bibliothek muss diese importiert werden. Das erfolgt mit dem Befehl *import pandas as pd*. Als nächstes muss der Datensatz in ein *DataFrame* importiert werden. Dazu wird die Funktion *df = pd.read_csv(„fraudTrain.csv", sep= „, ", index_col=0)*, wie in Abbildung 2 zu sehen, verwendet. Als ersten Parameter wird der zu importierende Datensatz übergeben, als zweiten Funktionsparameter der Separator der Werte und als letztes die Spalte für die Indexierung von dem DataFrame.

Nach dem Import der Bibliothek und der .csv – Datei als DataFrame, kann ein Überblick über den Datensatz verschafft werden. Dazu kann die Anzahl der Spalten und Zeilen mit der Funktion *print(df.shape)* ausgegeben werden. Der zu untersuchende Datensatz hat 23 Spalten und 1296675 Zeilen. Mit *print(df.info())* können die Spaltenbezeichner [1], Anzahl der nicht Null Werte [2] und der Datentyp der Spalte [3] angezeigt werden. Die Spaltenbezeichner sind dabei die Variablen mit folgenden Interpretationen[11]:

```
Data columns (total 22 columns):
 #   Column  ⌐1      ⌐2  Non-Null Count      Dtype ⌐3
---  ------          --------------      -----
 0   trans_date_trans_time  1296675 non-null  object
 1   cc_num          1296675 non-null  int64
 2   merchant        1296675 non-null  object
 3   category        1296675 non-null  object
 4   amt             1296675 non-null  float64
 5   first           1296675 non-null  object
 6   last            1296675 non-null  object
 7   gender          1296675 non-null  object
 8   street          1296675 non-null  object
 9   city            1296675 non-null  object
```

Abbildung 3: Ausschnitt Konsolenausgabe von df.info()

Variable	Interpretation
index	eindeutiger Index für jede Zeile
transdatetrans_time	Tag und Uhrzeit der Transaktion
cc_num	Kreditkartennummer des Kundens
merchant	Name des Verkäufers
category	Kategorie des Verkäufers
amt	Höhe der Transaktion
first	Vorname Kreditkartenhalter
last	Nachname Kreditkartenhalter
gender	Geschlecht Kreditkartenhalter

---

[9] Vgl. [Abd22], S. 74
[10] Vgl. Ebenda, S. 75f.
[11] Vgl. [She20]

street	Straße und Hausnummer Kreditkartenhalter
city	Stadt Kreditkartenhalter
state	Bundesstaat Kreditkartenhalter
zip	Postleitzahl Kreditkartenhalter
lat	Breitengrad Standort Kreditkartenhalter
long	Längengrad Standort Kreditkartenhalter
city_pop	Bewohnerzahl der Stadt des Kreditkartenhalters
job	Job Kreditkartenhalter
dob	Geburtstag Kreditkartenhalter
trans_num	Transaktionsnummer
unix_time	UNIX Zeit der Transaktion
merch_lat	Breitengrad Standort Verkäufer
merch_long	Längengrad Standort Verkäufer
is_fraud	ist Betrug

Tabelle 1: Variablen des Datensatzes

Zuletzt können mit der Funktion *print(df.head(n))* die ersten n Zeilen mit dazugehörigen Werten ausgegeben werden, wie in Abbildung 4 zu sehen, um ein besseres Verständnis für den zu untersuchenden Datensatz zu erlangen.

Nachdem die erste Untersuchung des Datensatzes erfolgt ist, geht man zur Transformation und Einspeisung in eine Datenbank über.

```
   trans_date_trans_time            cc_num  ...   merch_long  is_fraud
0    2019-01-01 00:00:18  2703186189652095  ...   -82.048315         0
1    2019-01-01 00:00:44      630423337322  ...  -118.186462         0
2    2019-01-01 00:00:51    38859492057661  ...  -112.154481         0
3    2019-01-01 00:01:16  3534093764340240  ...  -112.561071         0
4    2019-01-01 00:03:06   375534208663984  ...   -78.632459         0
5    2019-01-01 00:04:08  4767265376804500  ...   -76.152667         0
6    2019-01-01 00:04:42    30074693890476  ...  -100.153370         0
7    2019-01-01 00:05:08  6011360759745864  ...   -78.540296         0
8    2019-01-01 00:05:08  4922710831011201  ...   -79.958146         0
9    2019-01-01 00:06:01  2720830304681674  ...   -87.485381         0
```

Abbildung 4: Konsolenausgabe df.head(10)

3   Transformation und Datenbanken

3.1   Datenbanksysteme

Daten können in Unternehmen als Produktionsfaktor eingesetzt werden, um durch dessen Analyse Informationen zu gewinnen. Dafür müssen Daten gespeichert und verwaltet werden.[12] Das geschieht im Datenbanksystem, oder kurz DBS. Es ist eine Software, die aus Datenbanken und einem Datenbankmanagementsystem, auch DBMS genannt, besteht, und den Zugriff, die Verwaltung und Erstellung von den Datenbanken realisiert. Dabei übernehmen die Datenbanken die Rolle des Speichers und das DBMS die funktionale Rolle. Aufgaben von dem DBMS sind Datenverwaltung, Bearbeitung der Datenbankabfragen, Zugriffgewährung und -verwaltung, Datenbankerstellung und Daten- und Datenbanksicherheit.[13] DBMS sind z. Bsp. MySQL, PostgreSQL und MongoDB.
Es gibt zwei Arten von DBS: Fileserver – System und Client – Server – System. Bei dem Fileserver – System befinden sich die Datenbanken an einer zentralen Stelle und das DBMS auf dem Computer des Anwenders. Bei dem Client – Server – System dagegen, liegen beide Komponenten auf einem Server.[14]

3.2   Datenbanktypen

Datenbanken können in zwei unterschiedliche Datenbanktypen, SQL – und NoSQL – Datenbanken, aufgeteilt werden. Eine SQL – Datenbank ist eine relationale Datenbank, die von einem relationalem Datenbankmanagementsystem, kurz RDBMS, gesteuert wird und auf der Datenbanksprache SQL basiert. [15,16]
Unter NoSQL – Datenbanken versteht man unterschiedliche Datenbankmodelle, die nicht nach dem relationalen Prinzip aufgebaut sind. Diese können in dokumentorientierte, Graphen – und Key/Value – Datenbanken unterteilt werden.[17] NoSQL – Datenbanken kommen dann zum Einsatz, wenn sehr große Datenmengen, z. Bsp. bei Big Data, gespeichert und verwaltet werden müssen, da relationale Datenbanken Probleme mit übermäßiger Anzahl an Schreib- und Lesezugriffen sowie Datenänderungen vorweisen.[17]
Da SQL – Datenbanken in der Praxis am meisten vertreten sind, werden diese, sowie RDBMS, in folgenden Kapiteln genauer untersucht und erläutert.[18]

3.3   SQL – Datenbanken

3.3.1   Das Globale ER – Modell

SQL – Datenbanken basieren auf dem Globalen ER – Modell (Entity Relationship), welches das klassische Relationenmodell mit der Berücksichtigung der globalen Beziehungen zwischen den Tabellen erweitert. Somit wird nicht nur die Normalisierung der Daten beachtet.[19]
Daten einer Datenbank müssen im ER – Modell vorgeschriebene Kriterien erfüllen. Zum einen müssen die Daten redundanzfrei gespeichert werden.[20, 21] Das bedeutet, dass eine bestimmte Information nicht mehrfach in einer Datenbank vorkommen darf, z. Bsp. sollen die Kundendaten nur an einem einzigen

---

[12] Vgl. [KM19], S. 2f.
[13] Vgl. [BSS19], S. 51f.
[14] Vgl. Ebenda, S. 51
[15] Vgl. Ebenda, S. 52
[16] Vgl. [KM19], S. 3
[17] Vgl. [Fuc18], S. 14
[18] Vgl. [KM19], S. 3
[19] Vgl. [Ste21], S. 13
[20] Vgl. [BSS19], S. 54
[21] Vgl. [Ste21], S. 14

Ort gespeichert werden. Ein weiteres Kriterium ist die Datenkonsistenz.[22, 23] Die Daten sollen ohne Widersprüche, eindeutige und korrekte Informationen darstellen, wenn es z. Bsp. mehrere Personen mit dem gleichen Namen und Vornamen gibt, müssen diese eindeutig zu unterscheiden sein. Die Atomisierung ist eine weitere Anforderung an die SQL – Datenbank. Dabei sollen die Daten so aufgebrochen werden, dass pro Datenfeld nur eine Information verfügbar ist.[22, 23] So soll beispielsweise die Adresse in Ort, Postleitzahl, Straße und Straßennummer aufgebrochen werden. Das Best Practice bei dem Entwurf und Erstellung einer Datenbank, ist es, die o. g. Kriterien zu berücksichtigen und bestmöglich umzusetzen.[24]

3.3.2   Aufbau einer relationalen Datenbank

Bei dem Entwurf einer Datenbank ist ebenfalls auf den Aufbau einer relationalen Datenbank zu achten. Diese besteht aus mindestens einer oder mehreren Tabellen, wie z. Bsp. in Abbildung 5, die jeweils einen Themenkreis [1] darstellen und die dazugehörigen Datensätze umfassen. Eine Zeile der Tabelle wird ein Tupel oder Datensatz genannt [2]. Die Attribute [3], oder auch Spaltennamen, entsprechen einem Merkmal des Tupels und jede Zelle der Tabelle beinhaltet einen Attributwert [4]. Alle untereinander stehenden Attributwerte, beschreiben das zugehörige Attribut.[25]

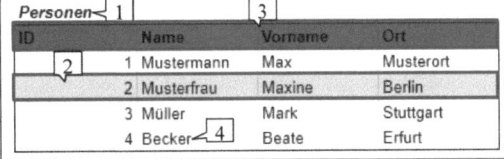

Abbildung 5: Tabelle Personen

Um die Relationen oder Beziehungen zwischen den Tabellen einer Datenbank herzustellen, benutzt man Primär- und Fremdschlüssel. Jede Tabelle muss einen Primärschlüssel [5] besitzen, damit jedes Tupel eindeutig identifizierbar ist. Als Primärschlüssel agiert dabei ein Attribut oder eine Kombination aus Attributen. Bei der Erstellung eines neues Tupels wird diesem sofort ein Attributwert des Primärschlüssels zugewiesen. Dieser darf sich nicht während des Bestehens des Tupels verändern.[26] Ein Fremdschlüssel [6] beschreibt ein Attribut der Tabelle T1, welches den Primärschlüssel der Tabelle T2 oder einen Attribut mit der vollständigen Attributwerten abbildet. Dabei kann dieser in der Tabelle T1 entweder Nullwerte oder Attributwerte, die bereits im Primärschlüssel der Tabelle T2 existieren, annehmen. Der Fremdschlüssel muss in der Tabelle T1 nicht nur eindeutige Werte annehmen und kann deshalb mehrfach vorkommen.[26] Wie in Abbildung 6 zu sehen ist, kann man z. Bsp. jedem Tupel aus Tabelle T1, anhand des Fremdschlüssels *Ort* das Attribut *Bundesland* aus Tabelle T2 zuweisen.

T1	5			6
ID	Name	Vorname	Ort	
1	Mustermann	Max	Berlin	
2	Musterfrau	Maxine	Berlin	
3	Müller	Mark	Stuttgart	
4	Becker	Beate	Erfurt	

T2	5	
Ort	Bundesland	
Berlin	Berlin	
Stuttgart	BaWü	
Erfurt	Thüringen	

Abbildung 6: Tabellen T1 und T2

3.3.3   RDBMS und SQL

---

[22] Vgl. [BSS19], S. 54
[23] Vgl. [Ste21], S. 14
[24] Vgl. [BSS19], S. 55
[25] Vgl. [Ste21], S. 14f.
[26] Vgl. Ebenda, S. 18f.

Oftmals werden nur bestimmte Tupel und Attribute aus einer oder mehreren Tabellen gebraucht. Diese Auswahl wird in Form einer Abfrage getroffen. Als Ergebnis dieser wird eine Tabelle mit geforderten Attributen und Tupeln von dem RDBMS zurückgegeben. Über das RDBMS kann auch eine Manipulation der Daten erfolgen. Dabei wirken sich die Manipulationen direkt auf die Tabellen oder bestimmte Datensätze aus. Die Sprache, mit der die Abfragen und Manipulationsbefehle verfasst werden, ist die SQL. SQL ist eine deskriptive Sprache, das bedeutet, dass die Abfragen und Manipulationen das gewünschte Ergebnis ohne Algorithmen beschreiben. Die Abfragen werden nach folgendem Grundmuster verfasst: „SELECT Attribut FROM Tabelle WHERE Attribut = ‚Attributwert'".[27]

SQL wird von dem RDBMS zur Verfügung gestellt. Weitere Bestandteile des RDBMS sind die relationale Datendefinition und Servicefunktionen für Backups, Datensicherheit und Datenwiederherstellung. Das RDBMS folgt außerdem dem Globalem ER – Modell, unterstützt den Zugriff von mehreren Nutzern gleichzeitig und bietet Werkzeuge zur Sicherung der Datenkonsistenz.[28]

3.4 Normalisierung

3.4.1 1. Normalform

Normalisierung trägt dazu bei, dass die im Kapitel 3.3.1 aufgeführten Kriterien an eine Datenbank erfüllt werden. Die Redundanz der Daten und Anomalien, die bei CUD – Operationen auftreten können, sollen eliminiert werden. CUD – Operationen sind Create -, Update - und Delete – Operationen und Anomalien sind unerwünschte oder fehlerhafte Situationen. Z. Bsp. könnte es vorkommen, dass bei der Änderung der Adresse eines Kunden nach seinem Umzug diese nicht nur in der Kundentabelle, sondern auch in verwandten Tabellen angepasst werden muss. Ist dem nicht der Fall, können Inkonsistenzen und redundante Tupel entstehen.[29] Es sind insgesamt fünf Normalformen und die Boyce – Codd- Normalform definiert.[30] In dieser Projektarbeit werden jedoch nur die Boyce – Codd – Normalform und die ersten drei Normalformen betrachtet.

Die 1. Normalform liegt dann vor, wenn eine Tabelle nur atomare, also einfache, Attributwerte enthält. Dabei können Attributwerte auch Nullwerte annehmen. Wenn eine Zelle von mehr als einem Attributwert besetzt wird, so muss man diesen entweder auf mehrere Attribute, siehe Abbildung 7, oder auf mehrere Tupel, wie z. Bsp. beim Besitz von zwei Autos, wird für jedes Auto ein Tupel angelegt, aufteilen.[31]

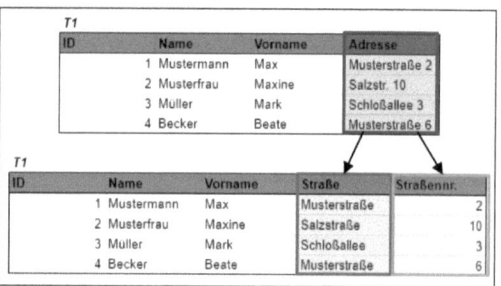

Abbildung 7: Normalisierung von Tabelle T1 in 1. Normalform

3.4.2 2. Normalform

Wenn eine Tabelle in die 2. Normalform gebracht werden soll, müssen alle Nichtschlüsselattribute voll von den Schlüsselattributen abhängig sein und die Tabelle alle Anforderungen an die 1. Normalform

---

[27] Vgl. [KM19], S. 6
[28] Vgl. Ebenda, S. 8f.
[29] Vgl. [Gad19], S. 38
[30] Vgl. [KM19], S. 37
[31] Vgl. [Ste21], S. 57

erfüllen. Somit müssen jene Attribute, die voll von einem Schlüssel abhängig sind, in eigene Tabellen ausgelagert werden. Der Schlüssel wird anschließend in die Tabelle kopiert.[32]

T1				T2		
K - ID	Straße	Straßennr.		K - ID	Name	Vorname
1	Musterstraße	2		1	Mustermann	Max
2	Salzstraße	10		2	Musterfrau	Maxine
3	Schloßallee	3		3	Müller	Mark
4	Musterstraße	6		4	Becker	Beate

Abbildung 8: Tabellen T1 und T2 in 2. Normalform

Die Tabelle T1 aus Abbildung 7 liegt in der 1. Normalform vor. Wenn T1 in die 2. Normalform gebracht werden soll, müssen die Attribute *Name* und *Vorname* in eigene Tabelle T2 ausgelagert werden, da diese voll von dem Schlüsselattribut *K – ID* abhängen. *K – ID* wird anschließend in T2 kopiert. Somit liegen zwei Tabellen T1 und T2 vor, bei denen alle Nichtschlüsselattribute voll von den Schlüsselattributen abhängen, wie in Abbildung 8 zu sehen. Tabelle T1 kann mit einem Primärschlüssel *B – ID* ergänzt werden und *K – ID* zu einem Fremdschlüssel konvertiert werden. Somit würde Tabelle T2 die Kundendaten darstellen und Tabelle T1 die Bestellungen, wo Adresse von einem Kunden variieren kann.

3.4.3   3. Normalform

Bei der 3. Normalform stehen die Abhängigkeiten der Nichtschlüsselattributen untereinander im Fokus. Diese dürfen nicht in funktioneller Abhängigkeit zu einem anderen Nichtschlüsselattribut in derselben Tabelle stehen. Eine Tabelle befindet sich also in der 3. Normalform, wenn keine transitiven Abhängigkeiten zwischen Nichtschlüsselattributen und dem Schlüsselattribut bestehen. Um diese Anforderung zu erreichen, müssen jene Attribute, die transitiv von dem Schlüsselattribut abhängig sind, in eine eigene Tabelle ausgelagert werden.[33, 34]

Bei der Betrachtung der Tabelle Bestellungen, siehe Abbildung 9, wird eine Abhängigkeit des Attributes *Ort* von dem Attribut *Postleitzahl* deutlich, da ein Ortsname von der Postleitzahl abgeleitet werden kann. Somit ist der Ort transitiv von dem Schlüsselattribut *B – ID* abhängig. Die Kette der Abhängigkeiten sieht dabei folgend aus:

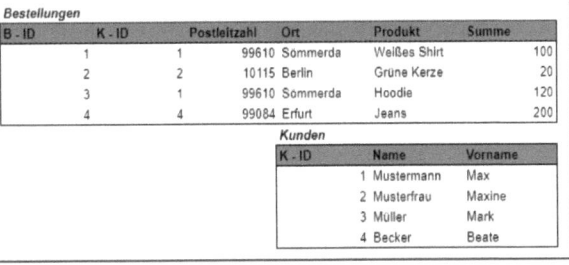

Abbildung 9: Tabellen Bestellungen und Kunden in 2. Normalform

B – ID → Postleitzahl → Ort. Um diese transitive Abhängigkeit aufzulösen müssen die Postleitzahl und der Ort in eine eigene Tabelle ausgelagert werden. In der Tabelle Bestellungen bleibt dabei nur die Postleitzahl bestehen.

---

[32] Vgl. [Her18], S. 52
[33] Vgl. [Ste21], S. 59
[34] Vgl. [Her18], S. 53f.

Somit erhalten wir drei Tabellen in der 3. Normalform,
siehe Abbildung 10, welche
keine Datenredundanz auf-
zeigen und bei denen keine
Anomalien auftreten.[35, 36]

Bestellungen

B - ID	K - ID	Postleitzahl	Produkt	Summe
1	1	99610	Weißes Shirt	100
2	2	10115	Grüne Kerze	20
3	1	99610	Hoodie	120
4	4	99084	Jeans	200

Adresse

Postleitzahl	Ort
99610	Sömmerda
10115	Berlin
99084	Erfurt

Kunden

K - ID	Name	Vorname
1	Mustermann	Max
2	Musterfrau	Maxine
3	Müller	Mark
4	Becker	Beate

Abbildung 10: Tabellen Bestellungen, Adresse und Kunden in 3. Normalform

3.4.4 Boyce – Codd – Normalform

Die Boyce – Codd – Normalform stellt eine Ver-
schärfung der 3. Normalform dar. Im Fokus stehen
dabei die transitiven Abhängigkeiten zwischen den
Schlüsselattributen. Die Boyce – Codd – Normalform liegt dann vor, wenn keine transitiven Abhängigkeiten der Schlüsselattribute existieren.[37]
Es existiert beispielsweise eine Tabelle T1 mit einem Primärschlüssel $P1$ und Fremdschlüssel $F1$,
$F2$ und $F3$. Dabei ist das Schlüsselattribut $F2$ von
$F1$ voll abhängig. Um die Boyce – Codd – Normalform zu erreichen, muss $F2$ in eine eigene Tabelle
ausgelagert und $F1$ in diese Tabelle kopiert werden,
wie in Abbildung 11 zu sehen. Somit wurden die
Redundanzen innerhalb der Schlüssel beseitigt.

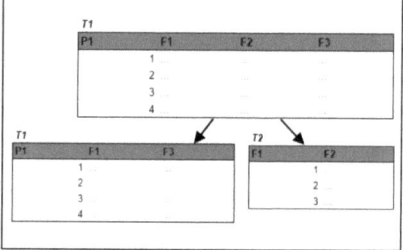

Abbildung 11: Tabelle T1 wird in die Boyce -
Codd - Normalform gebracht

3.5 Anwendungsbeispiel: Transformation der Rohdaten und Einspeisung in eine Datenbank

Nach dem in Kapitel 2.3 ein Überblick über die Rohdaten gewonnen wurde, werden diese transformiert
und in eine Datenbank eingespeist. Die Transformation beinhaltet die Normalisierung der Rohdaten, da
diese in einer einzigen Tabelle vorliegen, und Untersuchung auf inkomplette oder fehlerhafte Datensätze. Wenn solche Datensätze existieren, müssen diese entweder gelöscht oder mit Werten ergänzt werden.[38]
Da es sich bei den Rohdaten um strukturierte Daten handelt, wird mit einer SQL – Datenbank gearbeitet.
Die Abfragen und Datenmanipulation werden von dem RDBMS MySQL verwaltet. Der Server wird
lokal auf dem Computer des Nutzers gestartet. Der Zugriff erfolgt aus der Python – IDE „PyCharm".
Bevor die Daten in eine Datenbank eingespeist werden, muss ein Entwurf der Datenbank entwickelt
werden. Dafür werden sich die Attribute aus Tabelle 1 angeschaut.
Da jedes Tupel eine Transaktion darstellt, ist es sinnvoll die Attribute in transaktions-, käufer- und ver-
käuferbezogene Attributgruppen aufzuteilen. Die erstmalige Aufteilung sieht dabei wie folgt aus:

---

[35] Vgl. [Her18], S. 55
[36] Vgl. [Ste21], S. 60
[37] Vgl. [Her18], S. 55
[38] Vgl. [Abd22], S. 184

Transaktionen	Käufer	Verkäufer
trans_date_trans_time	cc_num	merchant
amt	first	category
trans_num	last	merch_lat
unix_time	gender	merch_long
is_fraud	street	
	city	
	state	
	zip	
	lat	
	long	
	city_pop	
	job	
	dob	

Tabelle 2: erste Aufteilung von Attributen in Attributgruppen

Die drei Gruppen können als Tabellen in einer Datenbank betrachtet werden, diese liegen dabei bereits in der 2. Normalform vor. Die Tabellen müssen jedoch um die Primärschlüssel *T_ID* für die Transaktionen, *K_ID* für den Käufer und *V_ID* für den Verkäufer ergänzt werden. Die Primärschlüssel des Käufers und Verkäufers müssen in der Tabelle Transaktionen als Fremdschlüssel eingefügt werden.

Bei der Betrachtung der Tabelle Käufer bietet sich eine Auslagerung der Adresse des Käufers in eine eigene Tabelle mit dem Primärschlüssel *A_ID* an. Dabei bilden die Attribute *zip, state* und *city* eine eigene Tabelle und *city* und *city_pop* eine weitere Tabelle. Die Struktur der Datenbank sieht nach der Auslagerung wie folgt aus:

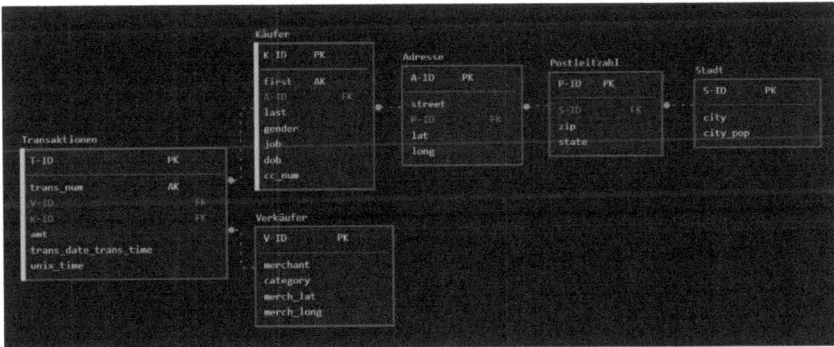

Abbildung 12: Schema der Datenbank

Somit steht die Struktur der Datenbank fest. Diese kann erstellt und mit Daten befüllt werden. Erst müssen die Daten jedoch auf Vollständigkeit geprüft werden. Dafür werden die Funktionen *df.isnull().values.any()* und *df.isnull().sum().sum()* der Funktionsbibliothek *pandas* verwendet, siehe Abbildung 13. Die erste Funktion gibt einen Boolean – Wert zurück. Bei *False* existieren keine null – Werte, wird jedoch *True* ausgegeben, so existiert mind. ein null – Wert. Gibt es mind. einen null – Wert, so kann die zweite

```
print(df.isnull().values.any())

print(df.isnull().sum().sum())
```

Abbildung 13: Funktionen für Untersuchung auf null - Werte

Funktion verwendet werden, um die genau Anzahl an null – Werten zu bestimmen.

Bei der Untersuchung der Rohdaten wurden keine null – Werte gefunden, da es sich hierbei um synthetische Daten handelt, die bei einer Simulation erzeugt wurden. In der Praxis wird es oft unvollständige oder falsche Werte geben, die vor der Analyse bereinigt werden müssen.

Nach dem die Daten auf Vollständigkeit geprüft worden, können diese in die Datenbank eingespeist werden.

Die Rohdaten liegen jedoch in einer einzigen Tabelle vor und müssen auf die jeweiligen Tabellen der Datenbank aufgeteilt werden. Dafür erstellt man erst ein *DataFrame* mit den Attributen der Tabelle. Die Funktion dafür lautet *tabelle = df[[„attribut1“, „attribut2“, ...]]*, *df* ist dabei das DataFrame aus Kapitel 2.3 und enthält die kompletten Datensätze. Mit *df[„attribut“]* kann man nur die Attributwerte eines bestimmten Attributs ausgeben lassen. Wenn mehrere Attribute angezeigt werden sollen muss eine Liste mit Attributen *[„attribut1“, „attribut2“, ...]* übergeben werden. Wenn die Tabelle als Teilmenge der Rohdaten erstellt wurde, müssen alle Duplikate beseitigt werden. Das erfolgt mit *tabelle=tabelle.drop_duplicates()*, dabei werden komplett identische Datensätze gelöscht. Übergibt man dieser Funktion den Parameter *subset=[„attribut“]*, so werden nur Duplikate des gewählten Attributs entfernt. Mit den Funktionen *Index=range(1, len(tabelle) + 1)* und *tabelle.insert(loc=0, column=„id“, value=Index)* erzeugt man erst eine Liste *Index*, welche als Primärschlüssel in die Tabelle als Attribut *id* an der ersten Stelle eingefügt wird. Wenn die Tabelle keine Fremdschlüssel besitzt muss nichts weiter getan werden, wie in Abbildung 14 zu sehen.

```
# Tabelle Stadt erzeugen
stadt = df[["city", "city_pop"]]

stadt = stadt.drop_duplicates()
sIndx = range(1, len(stadt) + 1)
stadt.insert(loc=0, column='S_ID', value=sIndx)
```

Abbildung 14: Erzeugung des DataFrame „stadt“

Um Fremdschlüssel einzubinden, werden ein oder mehrere gemeinsame Attribute der Tabellen in die Tabelle, in welcher Fremdschlüssel benötigt werden, eingefügt. Mit der Funktion *t1 = pd.merge(t1, t2, on=„Attribut“)* verschmelzen die Tabellen *t1* und *t2* zu einer Tabelle. Das Parameter *on=„Attribut“* gibt dabei vor, welche Attributwerte übereinstimmen müssen. Stimmt dieses Attribut mit den Tupelwerten in der Tabelle überein, so verschmelzen diese Tupel zu einem Datensatz. Nachdem der Fremdschlüssel eingefügt wurde, z. Bsp. ID von einer Tabelle, können überflüssige Spalten entfernt werden, um die Normalisierung zu erhalten. Dieser Vorgang wird, wie in folgender Abbildung zu sehen, auf die Tabelle *adresse* angewandt:

```
# Fremdschlüssel aus PLZ
adresse = pd.merge(adresse, postleitzahl[["zip", "P_ID"]], on="zip")
adresse.pop("zip")
```

Abbildung 15: Fremdschlüssel wird in das DataFrame „adresse“ eingebunden

Wurden alle benötigten DataFrames erzeugt und alle Beziehungen hergestellt, so kann mit der Einspeisung der Daten in eine Datenbank begonnen werden. Um eine Verbindung mit dem MySQL – Server herzustellen und Abfragen durchzuführen, wird die Funktionsbibliothek *mysql.connector* benutzt. Diese ermöglicht die Verwaltung des MySQL – Servers, sowie Manipulation und Abfrage der darin erhaltenen Daten, direkt aus der Python – IDE. Mit der Funktion *conn = mysql.connector.connect(host=host_name, user=user_name, passwd=user_password)* wird eine Verbindung zu dem Server

```
connection = mysql.connector.connect(
    host=host_name,
    user=user_name,
    passwd=user_password
)
```

Abbildung 16: Funktion zur Herstellung der Verbindung mit dem MySQL - Server

conn unter der Adresse *host_name* als Benutzer *user_name* hergestellt, siehe Abbildung 16.

Im nächsten Schritt wird ein Zeiger erzeugt. Dieser verweist auf die im letzten Schritt hergestellte Verbindung und ermöglicht die Interaktion mit dieser, es können z. Bsp. Abfragen ausgeführt werden. Die Funktion dafür lautet *cursor = conn.cursor()*. Abfragen werden mit *cursor.execute(„Abfrage")* durchgeführt. Zuerst muss eine neue Datenbank auf dem Server erzeugt werden. Dafür wird die Abfrage *„CREATE DATABASE IF NOT EXISTS name"* verfasst. *„IF NOT EXISTS"* verhindert dabei die mehrfache Erzeugung der Datenbank, diese wird nur erstellt, wenn noch keine Datenbank mit dem übergebenem Namen existiert. Da SQL eine deskriptive Sprache ist, kann dieser Befehl auch ohne Vorkenntnisse interpretiert werden. Mit *„USE name"* greift man auf die Datenbank zu. Diese beiden Abfragen werden mit dem Zeiger dem RDBMS, wie in Abbildung 17 zu sehen, übergeben.

```
create_db_qry = "CREATE DATABASE IF NOT EXISTS FraudDet"
cursor = conn.cursor()
cursor.execute(create_db_qry)
cursor.execute("USE FraudDet")
```

Abbildung 17: Erzeugung der Datenbank FraudDet

Die erstellte Datenbank muss nun mit Tabellen befüllt werden. Diese werden mit der Abfrage *„CREATE TABLE IF NOT EXISTS tabelle(id INT PRIMARY KEY, attribut1 DATENTYP, ...);"* erstellt. Die Attribute können mit dem Parameter *„NOT NULL"* ergänzt werden, somit werden keine null – Werte als Attributwert erlaubt. Um einen Fremdschlüssel einzufügen, wird der Befehl *„FOREIGN KEY (Attribut) REFERENCES tabelle(Attribut)"* benutzt. Ergänzt man diesen Befehl mit *„ON DELETE CASCADE"*, so wird simultan zu dem Entfernen des Fremdschlüssels auch der gesamte zugehörige Datensatz entfernt. Somit können null – Werte vermieden werden. Ein Beispiel für die Benutzung der o. g. Befehle kann in Abbildung 18 eingesehen werden.

```
create_plz_table = """
CREATE TABLE IF NOT EXISTS postleitzahl(
    P_ID INT PRIMARY KEY,
    zip INT NOT NULL,
    state VARCHAR(5) NOT NULL,
    S_ID INT NOT NULL,
    FOREIGN KEY (S_ID) REFERENCES stadt(S_ID) ON DELETE CASCADE
    );
"""
```

Abbildung 18: Tabelle „postleitzahl" wird erzeugt

Diese Abfrage wird mit dem Zeiger übergeben, anschließend werden mit der Funktion *conn.commit()* die Änderungen bzw. Manipulationen freigeschaltet und ausgeführt.

Nachdem die Tabellen erzeugt wurden, werden diese mit Daten aus den *DataFrames* befüllt. *Pandas* bietet Funktionen zum Export von Daten in SQL – Tabellen, diese sind jedoch nicht mit *mysql.connector* kompatibel. Aus diesem Grund muss eine andere Bibliothek, *sqlalchemy*, die ähnliche Funktionen liefert benutzt werden, da diese die Nutzung von *pandas* – Funktionen ermöglicht. Mit der Funktion *sqlEngine = create_engine('dialect+driver:// username:password@host:port/database)* und *dbConnection = sqlEngine.connect()* wird eine Verbindung zu dem MySQL – Server hergestellt. Anschließend wird mit der pandas – Funktion *DataFrame.to_sql(SQLtabelle, Verbindung, if_exists='append', index=False)*, in

```
sqlEngine = create_engine('mysql+pymysql://root:1234@localhost/FraudDet', pool_recycle=3600)
dbConnection = sqlEngine.connect()

stadt.to_sql('stadt', dbConnection, if_exists='append', index=False)
postleitzahl.to_sql('postleitzahl', dbConnection, if_exists='append', index=False)
adresse.to_sql('adresse', dbConnection, if_exists='append', index=False)
kaeufer.to_sql('käufer', dbConnection, if_exists='append', index=False)
verkaeufer.to_sql('verkäufer', dbConnection, if_exists='append', index=False)
transaktionen.to_sql('transaktionen', dbConnection, if_exists='append', index=False)
```

Abbildung 19: Einspeisen von Daten aus DataFrames in SQL Datenbank

Abbildung 19 zu sehen, das komplette DataFrame in eine SQL – Tabelle eingespeist. Der Parameter *if_exists* steuert das Verhalten bei einer vorhandenen Tabelle, im Fall *„append"* werden die Daten in die existierende Tabelle eingefügt. *Index = False* bedeutet, dass der Index des *DataFrames* nicht in die SQL – Tabelle übernommen wird.

Die normalisierte Datenstruktur einer relationalen Datenbank eignet sich nur bedingt für die Analyse der Daten, da die Verarbeitungsgeschwindigkeit durch die Normalisierung gering ist.[39] Ein Lösungsansatz für dieses Problem sind Data Warehouses.

---

[39] Vgl. [Her18], S. 58

4 Data Warehouse

4.1 Definition Data Warehouse

In einem Unternehmen werden oftmals Daten aus mehreren, unterschiedlichen Quellen bezogen.[40] Diese Daten müssen zur besseren Übersicht und Analyse an einem Ort zusammengeführt werden. Als solcher Ort der Datenhaltung kann das Data Warehouse agieren. Nach W. H. Bill Inmon ist das Data Warehouse eine Sammlung von Daten, die die Entscheidungsfindung des Managements unterstützen. Jene Daten sind dabei nichtvolatil, objektbezogen, integriert und zeitraumbezogen.[41]
Nichtvolatil bedeutet, dass die Daten über einen langen Zeitraum unverändert bleiben und zu dispositiven Steuerungszwecken verwendet werden. Objektbezogen sind jene Daten, die nach den Themenbereichen separiert sind. Werden vielfältige Daten aus unterschiedlichen Quellen in einen einheitlichen Format, Struktur und Semantik zusammengeführt und logisch verknüpft, so sind diese Daten integriert. Die Daten in einem DWH, kurz für Data Warehouse, sind zeitraumbezogen und es wird die längerfristige Entwicklung betrachtet.[42]

4.2 DWH - Architektur

4.2.1 ETL – Prozesse

Die Architektur eines DWH wird mit drei Ebenen, wie in Abbildung 20 dargestellt, beschrieben. Zwischen und innerhalb der Ebenen werden zur Datenmanipulation die ETL – Prozesse benutzt.[43] ETL steht für Extraktion, Transformation und Laden.[44]

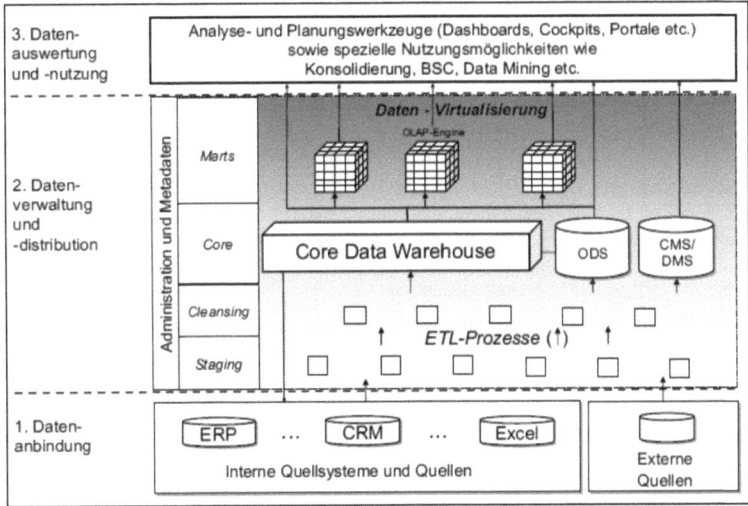

Abbildung 20: Drei Ebenen DWH - Architektur nach [Sch18] S. 341

---

[40] Vgl. [Zei20], S. 10f.
[41] Vgl. [Sch18], S. 339f.
[42] Vgl. Ebenda, S. 339f.
[43] Vgl. Ebenda, S. 341
[44] Vgl. [Web21], S. 77

Bei der Extraktion werden die Daten aus den Datenquellen selektiert und in die Staging Area, siehe Kapitel 4.2.3, geschrieben, um diese für weitere Phasen zur Verfügung zu stellen.[45] Es wird zwischen initialem und inkrementellem Datenimport unterschieden. Der initiale Datenimport erfolgt beim erstmaligen Erzeugen des DWH oder bei der Einführung einer neuen Datenquelle, z. Bsp. mithilfe eines Bulk Loaders. Dieser ermöglicht ein effizientes Laden von großen Mengen an Daten. Durch initialen Datenimport wird der Ausgangszustand eines DWH erzeugt. Bei dem inkrementellem Datenimport wird das DWH durch die Datenänderungen, also auch neue Daten, ergänzt.[46] Dieser Vorgang findet regelmäßig statt und wird von den Extraktoren durchgeführt. Diese werden entweder von dem Softwareanbieter bereitgestellt oder müssen entwickelt werden. Zu den letzteren gehören:

- *SQL – Trigger*, diese werden ausgeführt, wenn ein bestimmtes Ereignis in der SQL – Tabelle stattfindet.
- die Datenänderungen werden in *Protokolldateien* aufgenommen. Wenn also z. Bsp. ein neues Tupel angelegt wird, wird diese Änderung in einer Protokolldatei aufgezeichnet. Diese werden ausgewertet und mit entsprechenden Manipulationsoperationen in das DWH geladen.
- Bei dem *Schnappschussvergleich* werden Unterschiede zwischen dem Stand des Tabelleninhalts an zwei Zeitpunkten berechnet

Der Zeitpunkt der Extraktion kann periodisch, ereignisgesteuert oder sofort bei einer Änderung beliebig festgelegt werden.[47]
Bei dem Transformationsprozess werden syntaktische und semantische Probleme behoben. Dies erfolgt durch folgende Transformationsarten. Die Transformation auf Werteben bezieht sich nur auf einen einzelnen Wert. Dabei können die Werte transformiert, Format angepasst und ein Attribut der Zielstruktur mit einem festen Wert belegt werden.[48] Eine weitere Transformationsart ist die Transformation auf Strukturebene. Dabei wird die ganze Quellstruktur, z. Bsp. aus der Datenquelle, in die Zielstruktur transformiert.[49] Der Transformationsprozess kann entweder automatisch oder, beispielsweise im Falle einer Problematik mit Syno- und Homonymen, die nur bedingt ohne menschlichen Eingriff gelöst werden können, nichtautomatisch durchgeführt werden. Bei der nichtautomatischen Behandlung und Transformation können die Probleme ebenfalls automatisiert, durch z. Bsp. einen Skript, der prüft ob die Werte in einem vorgegebenen Bereich liegen oder nichtautomatisiert, durch einen Experten, erkannt werden. Die Transformation findet in der Cleansing Area, siehe Kapitel 4.2.3, statt.[50]
Bei dem Ladeprozess werden durch die Transformation bereinigte Daten in das DWH übernommen. Auf die Speicherformen der Daten in dem DWH wird im Kapitel 4.2.3 weiter eingegangen.[51]

4.2.2   Erste Ebene – Datenanbindung

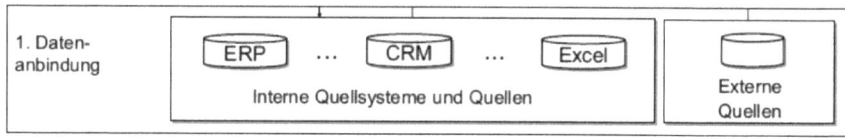

Abbildung 21: Erste Ebene der DWH - Architektur nach [Sch18] S. 341

[45] Vgl. [Web21], S. 78
[46] Vgl. Ebenda, S. 79
[47] Vgl. Ebenda, S. 79f.
[48] Vgl. Ebenda, S. 81
[49] Vgl. Ebenda, S. 82
[50] Vgl. Ebenda, S. 82
[51] Vgl. Ebenda, S. 78

Die erste Ebene der Data Warehouse – Architektur ist für die Datenanbindung vorbestimmt. Dabei werden, wie in Abbildung 21 zu sehen, die Daten mit Extraktionsprozessen aus internen und externen Datenquellen beschaffen. Als interne Datenquellen werden Daten, die im Unternehmen erzeugt werden bezeichnet. Diese beinhalten z. Bsp. Daten aus ERP- (Enterprise – Resource – Planning) und CRM- (Customer-Relationship-Management) Systemen, oder aus Excel – Spreadsheets. Externe Datenquellen sind beispielsweise Informationen aus dem Internet und stellen jene Daten, die außerhalb des Unternehmens ihren Ursprung nehmen, dar.[52]

4.2.3   Zweite Ebene – Datenverwaltung und -distribution

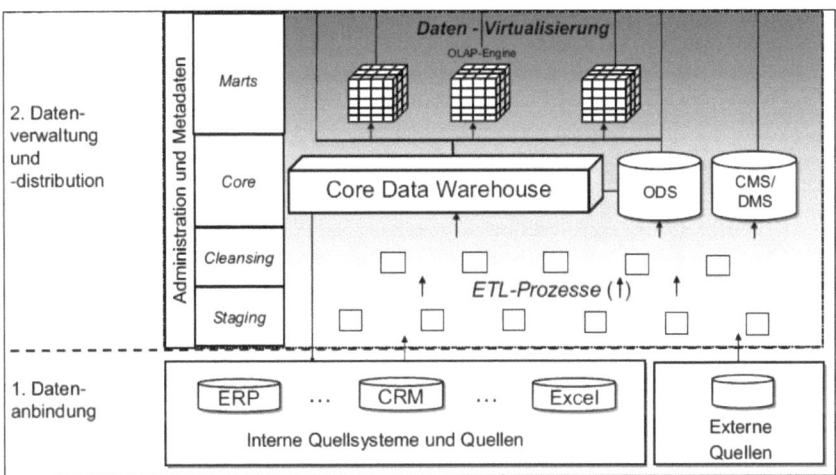

Abbildung 22: Die ersten beiden Ebenen der DWH - Architektur nach [Sch18] S. 341

Die Daten aus den Datenquellen gelangen nach der Extraktion in die zweite Ebene, siehe Abbildung 22. Die zweite Ebene ist für die Datenverwaltung und -distribution zuständig. Diese Ebene wird in vier Bereiche, auch Areas genannt, unterteilt. Diese werden wie folgt bezeichnet: Staging Area, Cleansing Area, Core DWH Area und Data Marts Area.[53]

All diese Areas werden mithilfe der Administration verwaltet. Zu den Funktionen der Administration gehören Modellierung der Daten und Pflege, Scheduling (Steuerung der Lese- und Schreibzugriffe) und das Monitoring der Datenflüsse. Die Metadaten dienen der Beschreibung der Bedeutung und Eigenschaften aller Objekte und Funktionen, die im DWH vorzufinden sind.[54]

Nach der Extraktion gelangen die Daten in die Staging Area, diese dient als Datenpuffer. Dort werden die Daten solange aufbewahrt, bis diese an weitere, höhere Areas weitergegeben werden, danach werden diese Daten aus der Staging Area gelöscht. Der Staging Area folgt die Cleansing Area. In dieser findet der Transformationsprozess statt.[55]

---

[52] Vgl. [Sch18], S. 341f.
[53] Vgl. Ebenda, S. 342
[54] Vgl. Ebenda, S. 343
[55] Vgl. Ebenda, S. 342

Nach dem die Daten extrahiert und transformiert wurden, gelangen diese in die Core – DWH – Area, welche als Kernkomponente der Architektur agiert. Das Core Data Warehouse stellt dabei die zentrale Datensammlung dar, wobei die Daten über mehrere Jahre gespeichert werden und in einer nicht für Auswertung gedachter Form vorliegen. Da alle Daten des Unternehmens in diese Speicherform geladen werden, wird diese auch als Single Point of Truth bezeichnet. Das Core Data Warehouse wird in themenorientierte Subject Areas unterteilt.[56, 57]

ODS, kurz für Operational Data Store, ist eine weitere Komponente der Core – DWH – Area, die optional zur Unterstützung eingebunden werden kann. In diese Speicherform werden detaillierte und nicht verdichtete Daten geladen, die für die Auswertung vorgesehen sind und nach kürzerer Zeit gelöscht werden. Diese Daten liegen in Form von relationalen Tabellen vor und ermöglichen effizientere Massendatenhaltung, Skalierung und einfaches Pflegen der Relationen.[58, 59]

Um unstrukturierte und nicht nummerische Daten für Auswertung zu speichern wird die Core – DWH – Area um die CMS/DMS, kurz für Content bzw. Document Management Systeme, erweitert. In das DMS werden unstrukturierte Dokumente und in das CMS andere unstrukturierte Formate, wie z. Bsp. Bilder oder Videos, geladen, gespeichert und verwaltet.[60]

Nach dem Ladeprozess in das Core Data Warehouse müssen die Daten in eine für Analyse geeignete Speicherform gebracht werden. Dafür werden Teile des Core DWH in sog. Data Marts, auch Datenwürfel genannt, geladen. Diese sind fachlich begrenzt und stellen ein Unternehmensbereich dar. Data Marts bieten einen einen schnelleren Datenzugriff durch geringere Datenmengen und, wenn diese physisch getrennt sind, einen besseren Zugriffschutz, haben jedoch eine hohe Datenredundanz und hohen Verwaltungsaufwand. Die Data – Marts bilden den letzten Bereich der zweiten Ebene, die Data – Marts – Area.[61, 62]

Im Vergleich zu relationalen Tabellen oder dem ODS, welche ein flaches, eindimensionales Datenmodell besitzen, ist das Datenmodell der Data Marts ein multidimensionales.[63] Ein Beispiel für ein zweidimensionales Datenmodell ist in Abbildung 23 zu sehen. Dabei sind die beiden Dimensionen *Zeit* und *Material* zu sehen mit dazu gehörigen Merkmalen *Jahresmonat* und *Nummer*, die als Attribute gesehen werden können. Jedes Merkmal hat seine *Ausprägungen*, auch Dimensionselement genannt,

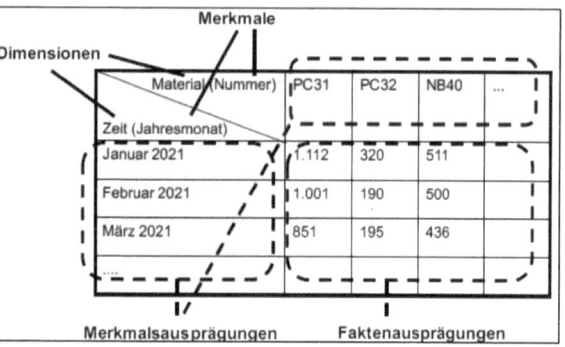

Abbildung 23: Zweidimensionales Datenmodell nach [Web21] S. 83

wie z. Bsp. für die Nummer die Ausprägung „PC31". Für jede Kombination aus Dimensionselementen gibt es einen *Faktum*. Beispielsweise für Nummer „PC32" und Jahresmonat „März 2021" ist das Faktum

[56] Vgl. [Sch18], S. 343
[57] Vgl. [Web21], S. 78
[58] Vgl. [Sch18], S. 344f.
[59] Vgl. [Web21], S. 78f.
[60] Vgl. [Sch18], S. 345
[61] Vgl. Ebenda, S. 343
[62] Vgl. [Web21], S. 78
[63] Vgl. Ebenda, S. 82f.

„195" vorgesehen. Da Fakten quantitative Daten sind, kann mit diesen gerechnet werden. Die Dimensionen und Merkmale haben eine beschreibende Rolle und sind somit qualitative Daten.[64]

Ein Datenwürfel liegt vor, wenn das Datenmodell drei oder mehr Dimensionen besitzt. In typischen Modellen werden oft fünf bis acht Dimensionen verwendet. Ein Beispiel eines dreidimensionalen Modells ist in Abbildung 24 gegeben. Da die Daten so gut wie immer historisiert vorliegen, kann

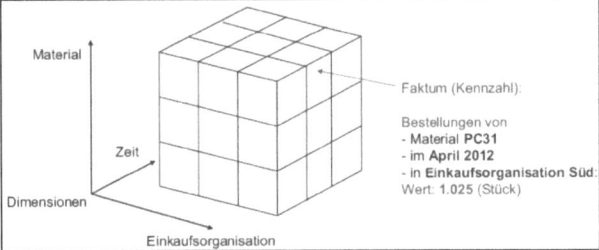

Abbildung 24: Dreidimensionales Datenmodell nach [Web21] S. 84

Zeit immer als eine der Dimensionen gewählt werden.[65]

4.2.4   Dritte Ebene – Datenauswertung und -nutzung

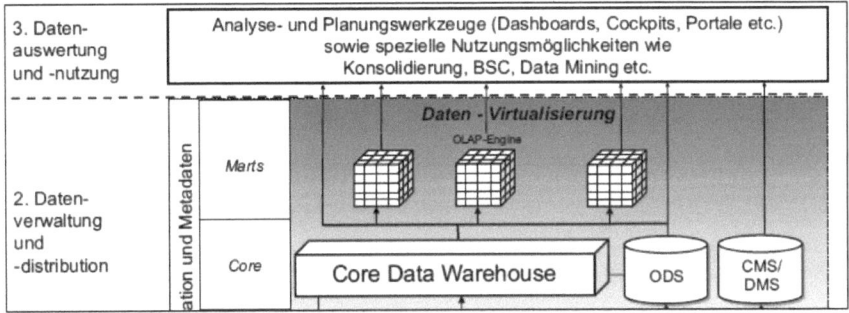

Abbildung 25: Dritte Ebene der DWH - Architektur nach [Sch18] S. 341

In der dritten Ebene erfolgt der Zugriff auf die Data Marts, ODS und CMS/DMS mit Hilfe von Analyse- oder Präsentationstools und Planungsanwendungen und anschließende Nutzung und Auswertung der Daten.[66] Die dritte Ebene ist in der Abbildung 25 visualisiert.

4.3   Datenschemata

4.3.1   OLAP

Um das Konzept des multidimensionalen Datenmodells in der Praxis umzusetzen, bietet sich die Verwendung der OLAP Datenbanksysteme an. OLAP steht hierbei für Online Analytical Processing.[67] Dabei wird es in zwei Grundrichtungen, MOLAP und ROLAP, unterschieden. Bei MOLAP, kurz für multidimensional OLAP, werden die Daten physisch multidimensional in sog. MDDBMS (Multidimensionales DBMS) gespeichert. In ROLAP - Systemen wird eine virtuelle, multidimensionale Datenhaltung

---

[64] Vgl. Ebenda, S. 84
[65] Vgl. [Web21], S. 84
[66] Vgl. [Sch18], S. 345
[67] Vgl. [Web21], S. 86f.

erzeugt, indem das multidimensionale Datenmodell mit der OLAP – Engine auf eine RDBMS angewandt wird.[68]

Als OLAP wird ein Analyseprozess bezeichnet, der besonders gut für multidimensionale Datenuntersuchung geeignet ist. Dabei kann der Nutzer interaktive Operationen, wie Slicing, Dicing, Drilldown und Roll – up, durchführen.[69, 70] OLAP – Systeme werden durch die von Pendse und Creeth definierte Regeln beschrieben, die sog. „FASMI". Das Akronym wird dabei aus folgenden Attributen der OLAP – Systeme gebildet[71]:

- Fast: Abfragen werden in sekundenkürze ausgeführt und komplexere Abfragen in bis zu 20 Sekunden
- Analysis: intuitive Analyse bei beliebig komplexen Berechnungen
- Shared: Es können mehrere Nutzer auf das System zugreifen und Abfragen ausführen. Es existiert eine effektive Zugangssteuerung
- Multidimensional: Die Sicht auf die Daten ist multidimensional, die verwendete Datenbankstruktur ist dabei irrelevant
- Information: Die Informationsabfragen werden durch Skalierung auch bei größeren Datenmengen nicht eingeschränkt

In der Praxis wird häufig mit ROLAP – Systemen gearbeitet. Es wird zwischen zwei Reinformen unterscheiden, dem Stern- und dem Schneeflockenschema. Diese unterscheiden sich bei der Modellierung der Dimensionen.[72]

4.3.2   Sternschema

Das Sternschema zeichnet sich dadurch aus, dass jeder Dimension, z. Bsp. Zeit oder Material, wie in Abbildung 26 zu sehen, nur eine Dimensionstabelle zugeordnet wird.[73] Diese Tabellen werden um eine zentrale Faktentabelle angeordnet und liegen dabei teils denormalisiert vor, da das Transitivitätsgesetz der 3. Normalform nicht eingehalten wird.[74] Die Denormalisierung erlaubt schnellere Abfragen und einfachere Auswahl der Dimensionen oder Attributen.[75, 76]

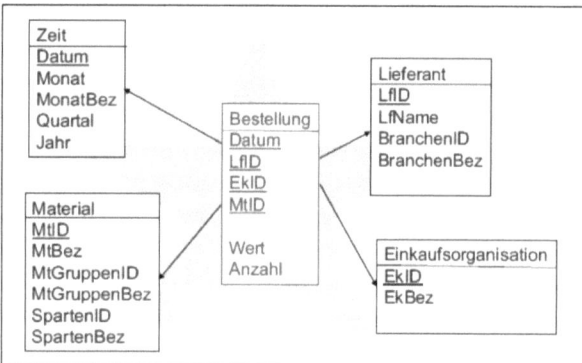

Abbildung 26: Sternschema nach [Web21] S. 87

[68] Vgl. [Sch18], S. 344
[69] Vgl. [Sch18], S. 354
[70] Vgl. [Web21], S. 77
[71] Vgl. [Sch18], S. 356
[72] Vgl. [Web21], S. 87
[73] Vgl. Ebenda, S. 87
[74] Vgl. [Sch18], S. 358
[75] Vgl. Ebenda, S. 359
[76] Vgl. [Web21], S. 88

Die Spalten der Dimensionstabellen werden aus Attributen, auch Merkmale genannt, der Dimension und einem Primärschlüssel, siehe Kapitel 3.3.2, gebildet. Der Primärschlüssel der Faktentabelle besteht aus allen Primärschlüsseln der Dimensionstabellen. Diese ist normalisiert und enthält, neben dem Primärschlüssel, nur Fakten, die durch die Dimensionen inhaltlich beschrieben werden. Solche Fakten sind z. Bsp. Wert und Anzahl der Produkte bei einer Bestellung. Durch Aggregationsregeln kann festgelegt werden, ob die Werte eines Faktes beispielsweise zur einer Summe „zusammengefasst" werden müssen.[77]

Mehrere nebeneinander liegende Sternschemas werden als Galaxie bezeichnet. Dabei können Dimensionen, die mehrmals vorkommen, wiederverwendet werden.[78]

4.3.3   Schneeflockenschema

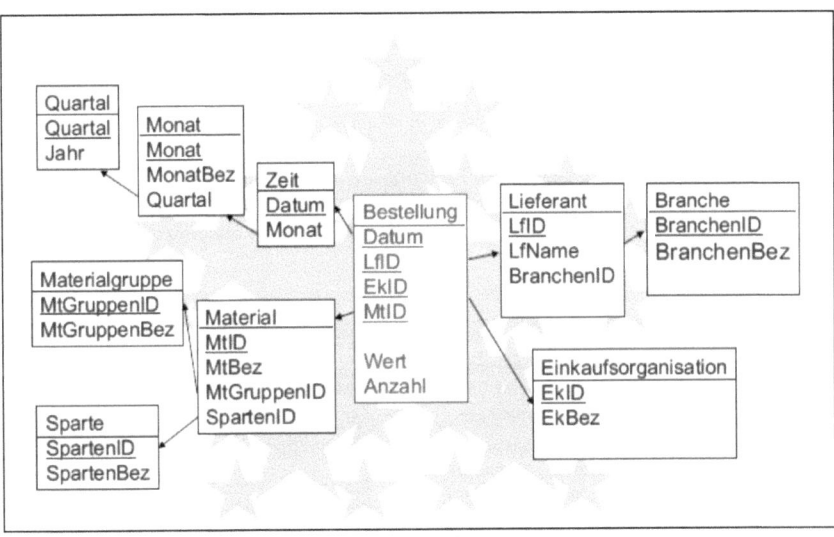

Abbildung 27: Schneeflockenschema nach [Web21] S. 89

Wird eine Speicherplatzersparnis und normalisiertes Datenmodell angestrebt, so kann, im Gegensatz zu dem denormalisierten Sternschema, auf das Schneeflockenschema zurückgegriffen werden. In diesem Schema wird das Transitivitätsgesetz angewandt und Fakten, die von einem anderen Fakt in der Dimension direkt abhängig sind, in eine eigene Dimension ausgelagert, wie in Abbildung 27 zu sehen.[79, 80] Im Zentrum des Schneeflockenschemas steht eine Faktentabelle. Das Vorteil dieses Schemas liegt größtenteils in der Speicherplatzeinsparung. Diesem Vorteil steht jedoch eine erhöhte Komplexität gegenüber.[81]

---

[77] Vgl. [Sch18], S. 358
[78] Vgl. [Web21], S. 88
[79] Vgl. [Sch18], S. 361
[80] Vgl. [Web21], S. 88
[81] Vgl. [Sch18], S. 361

4.4 Anwendungsbeispiel: APIs und Einspeisen aus der Datenbank in das Data Warehouse

4.4.1 APIs

Ein Anbieter von Data Warehouse – Lösungen ist „Snowflake". „Snowflake" ist eine globale, cloudbasierte Datenplattform. Snowflake ist also eine SaaS, Software as a Service, Lösung und stellt somit die technische Infrastruktur, die Softwareplattform sowie die Software für den Endbenutzer zur Verfügung. Aus diesem Grund muss sich der Benutzer nicht um die Cloudanbindung und -architektur kümmern, sondern kann sich auf den wesentlichen Teil des DWH konzentrieren, den Umgang mit Daten.[82] Der Zugriff auf „Snowflake" erfolgt entweder durch das Web – Interface oder durch das CLI, was kurz für Command Line Interface steht. Man greift dabei nicht direkt auf die Cloud und das Data Warehouse zu. Das Web – Interface benutzt ein API, eine Schnittstelle, über die mit der Cloud kommuniziert wird. API steht für Application Programming Interface, also eine Programmierschnittstelle, und stellt eine Kommunikationsschnittstelle für die Interaktion mit der Software dar. Diese rufen die Daten und Funktionen hinter der Softwareoberfläche auf. APIs sind damit keine eigenständige Anwendungen oder Datenbanken, sondern Programmcode, der es ermöglicht auf Daten und Funktionen zuzugreifen. Diese werden nach dem Zugriff automatisch zur Verfügung gestellt.[83] Im Fall von Snowflake kommuniziert das Front – End, also das Web – Interface, über eine API mit dem Back – End, in dem Fall einer cloudbasierten Datenplattform und stellt die darauf gespeicherten Daten dem Nutzer zur Verfügung.

4.4.2 Laden der Daten in ein DWH

Bevor die Daten in die Staging Area des DWH geladen werden können, müssen diese aus der MySQL – Datenbank exportiert werden. Das kann mithilfe des Client – Dienstprogramms „mysqldump", welches mit MySQL vorinstalliert wird, erfolgen. „Mysqldump" wird benutzt um Backups von Datenbanken, mit allen Relationen und Strukturen, zu erzeugen. Die Daten können ebenfalls in Form von einer CSV – Datei gesichert werden.

Die IDE „PyCharm" ermöglicht den einfachen Export von Daten aus der Datenbank in eine CSV – Datei. Dafür muss auf den Reiter „Database" [1] geklickt werden. In dem geöffneten Bereich muss auf das Plus [2] gedrückt werden, in dem Dropdown – Menü mit der Maus über „Data Source" gleiten und anschließend auf „MySQL" in dem Dropdown – Menü klicken, wie in Abbildung 28 zu sehen. In dem geöffneten Dialogfenster muss die Adresse der Datenbank, sowie die Anmeldedaten angegeben werden. Wurden diese korrekt angegeben, so wird die Datenbankverbindung in dem „Database" – Bereich angezeigt, wie in Abbildung 29 zu sehen.

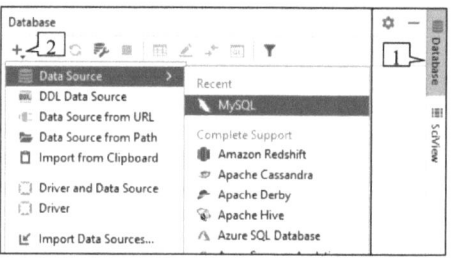

Abbildung 28: Verbindung zur Datenbank innerhalb von PyCharm herstellen

Abbildung 29: Verbindung zu der Datenbank

---

[82] Vgl. [Sno21]
[83] Vgl. [FMS21], S. 19

Um die Daten aus einer Datenbanktabelle in eine CSV – Datei zu exportieren, müssen in der Database - Übersicht alle Tabellen der Datenbank ausgewählt werden. Anschließend wird mit Rechtsklick ein Menü der Aktion angezeigt, in diesem ist die Aktion „Export Data to Files" [3] anzuklicken, wie in Abbildung 30 dargestellt.

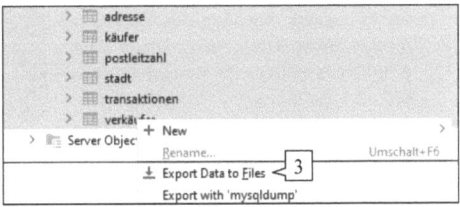

Abbildung 30: Aktion "Export Data to Files"

Im geöffnetem Dialogfenster kann der Extraktor, in diesem Fall CSV, ausgewählt werden. Es kann ebenfalls entschieden werden, ob die Attributbezeichner in die CSV – Datei übernommen werden sollen. Abschließend muss der Speicherort festgelegt werden, wie in Abbildung 31 zu sehen.

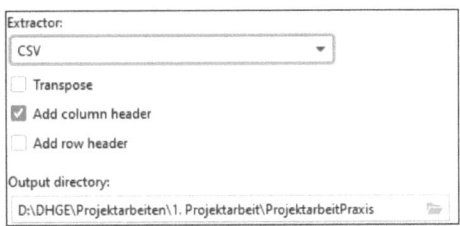

Abbildung 31: Optionen für den Export

Für das Einspeisen der Daten in „Snowflake" wird das CLI „SnowSQL" benutzt. Es ist eine Kommandozeile, die die Interaktion mit „Snowflake" und dem Data Warehouse erlaubt.

Abbildung 32: Laden der Daten in die Staging Area

Zuerst wird eine Datenbank *frauddet* mit der Eingabe *create or replace database frauddet;* erzeugt. Anschließend wird ein Dateiformat *mycsvformat* mit dem Befehl *create or replace file format mycsvformat type = 'CSV' field_delimiter = ',' skip_header = 1;* erstellt. Dabei wird als Art der Datei „CSV" und als Trennzeichen, ein Komma, festgelegt. *skip_header* sorgt dafür, dass die erste Zeile, in der sich die Attributbezeichner befinden übersprungen wird.

Als nächstes wir die Staging Area mit der Eingabe *create or replace stage my_csv_stage file_format = mycsvformat;* erzeugt und mit Hilfe des Befehls: *put file://D:\DHGE\Projektarbeiten\Projektarbeit1\ProjektarbeitPraxis\frauddet*.csv @my_csv_stage auto_compress = true;* mit den CSV – Dateien befüllt, wie in Abbildung 32 zu sehen.

Im nächsten Schritt müssen die Tabellen in der Datenbank des Data Warehouse erzeugt werden. Das Syntax ähnelt dabei dem Syntax in SQL. Es werden die Attribute und die Datentypen festgelegt, sowie Primär- und Fremdschlüssel erstellt. Nach dem die Tabelle erzeugt wurde, wird diese mit den Daten aus der Staging Area gefüllt. Dieser Vorgang, sowie die Befehle, werden in Abbildung 33 dargestellt.

Nach dem die Tabellen befüllt worden, werden die CSV – Dateien aus der Staging Area mit dem Befehl *remove @my_csv_stage pattern='.*.csv.gz';* entfernt, siehe Abbildung 34.

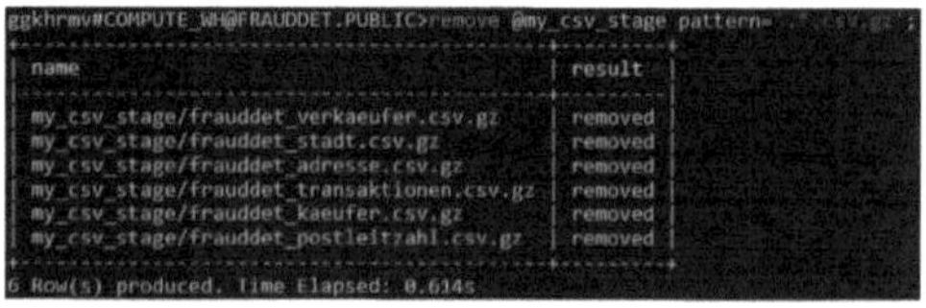

Nach diesem Vorgang befinden sich alle Daten in dem Data Warehouse und stehen für die Analyse bereit. Dabei wurden keine Einstellungen an der Cloud vorgenommen, sondern lediglich die Daten hochgeladen. Es ist einer der Vorteile von „Snowflake", die Cloud – Infrastruktur wird als Service bereitgestellt.

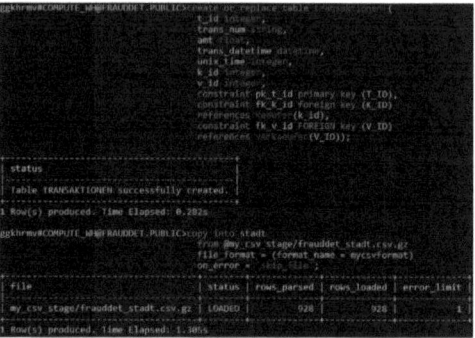

Abbildung 33: Erzeugung und Befüllung der Tabelle "Transaktionen"

Abbildung 34: CSV - Dateien aus der Staging Area entfernen

5   Anwendungsbeispiel: Ausreißererkennung

Vor der Ausreißererkennung müssen Attribute des Datensatzes festgelegt werden, welche ausschlagge-
bend für die Erkennung von betroffenen Datensätzen sind. Diese Attribute werden entweder subjektiv,
nach einer Überlegung, oder wenn bekannt ist welche Transaktionen betrügerisch sind, mit Hilfe von
Python ausgewählt. Dabei wird die Beziehung zwischen zwei Attributen untersucht. Wird eine Abhängigkeit zwischen dem Attribut „isFraud" und einem anderem Attribut erkannt, so kann anhand dieses
entschieden werden, wann es sich um eine betrügerische Transaktion handelt.

In dieser Projektarbeit wird davon ausgegangen, dass es nicht bekannt ist, welche Transaktionen von
Betrügern ausgeführt worden. Nach einer Überlegung wurden die Zeit der Transaktion, sowie die Höhe
der Transaktion als maßgebende Attribute zur Erkennung des Betrugs festgelegt. Der Gedanke dabei ist,
dass die Betrüger eher in der Nacht bzw. spät abends Einkäufe tätigen, damit es dem/der Besitzer/in
der Kreditkarte nicht auffällt. Außerdem wollen die Betrüger die größtmögliche Summe für sich ergreifen.

Aus diesen Gründen ist es sinnvoll für weitere Analyse die Transaktionen, die nachts ausgeführt worden
und/oder eine große Summe aufweisen, vorzumerken. Um Transaktionen mit ungewöhnlich hohen
Summen zu identifizieren, müssen die Ausreißer erkannt werden. Als Ausreißer werden extrem hohe
bzw. extrem niedrige Werte bezeichnet.[84]

Für die Untersuchung müssen die Daten aus dem DWH in ein *pandas – Dataframe* geladen werden. Zuerst wird
eine Verbindung zu dem DWH
hergestellt und ein Zeiger erstellt.
Anschließend wird eine Abfrage
*SELECT   amt   FROM
frauddet.bankingtrans.transaktionen*
ausgeführt. Diese fragt alle Werte aus
der Spalte „AMT" (Summe der
Transaktion) ab. Mit   *amtdf   =
cs.fetch_pandas_all()* werden diese
Dataframe *amtdf* gespeichert, wie in Abbildung 35 zu sehen.

```
ctx = snowflake.connector.connect(
    user='ggkhrmv',
    password='[        ]',
    account='[    ].eu-central-1'
)
cs = ctx.cursor()

cs.execute("SELECT AMT FROM FRAUDDET.BANKINGTRANS.TRANSAKTIONEN")
amtdf = cs.fetch_pandas_all()
```

Abbildung 35: Verbindung zum DWH und Abfrage aller
Werte von AMT

Kastendiagramme sind hilfreich, um Ausreißer grafisch
erkennen zu können. Kastendiagramme bestehen aus einem „Kasten", in welchem 50% der Werte enthalten sind.
Die Mittellinie [1] stellt den Median dar. Der Kasten wird
durch das 25. [2] und das 75. Perzentil [3] begrenzt. Ein
weiterer Bestandteil des Diagramms sind die Antennen
[4]. Diese stellen die Grenzwerte dar und können nach
folgenden Regeln festgelegt werden[85]:

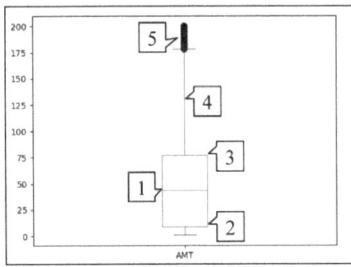

Abbildung 36: Beispiel für ein Kastendiagramm

1. Maximum und Minimum des Datensatzes.
2. Die Antennen befinden sich innerhalb des 1,5 * IQR, kurz für interquartile range (deutsch: Interquartilsbereich). Der Interquartilsbereich wird durch die Differenz vom 75. und 25. Perzentil
   beschrieben.
3. Das 9. und 91. Perzentil.
4. Das 2. und 98. Perzentil.

---

[84] Vgl. [Hee21], S. 216
[85] Vgl. [SW21], S. 13ff.

Jene Datenpunkte die außerhalb der Antennen liegen werden als Ausreißer [5] bezeichnet. Ein Beispiel für ein Kastendiagramm ist in Abbildung 36 dargestellt.

Die Bibliothek *pandas* erlaubt die Bildung eines Kastendiagramms mit dem Befehl *amtdf.plot(kind = "box")*. Das Diagramm muss anschließend mithilfe der Bibliothek *matplotlib* und dem Modul *pyplot*, welche die Darstellung und Erstellung verschiedener Diagramme ermöglicht, erzeugt werden. Das geschieht mit dem Befehl *matplotlib.pyplot.show()*. Das Kastendiagramm des Dataframe *amtdf* wird in Abbildung 37 dargestellt. Die x – Achse stellt die Summe der Transaktion in US – Dollar dar. Dabei ist zu sehen, dass die Ausreißer sehr breit gestreut sind und das Diagramm kaum zu sehen ist. Pandas legt die Antennen mit der 2. Regel (1,5* IQR) fest[86].

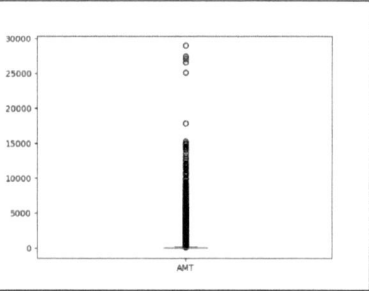

Abbildung 37: Kastendiagramm der Daten des Dataframe *amtdf*

Im nächsten Schritt werden mithilfe von *pandas* die 25. und 75. Perzentil, und die IQR berechnet. Außerdem wird die Obergrenze festgelegt, um über ihr liegende Tupel zur weiteren Analyse herausfiltern zu können. Der Befehl *amtdf.quantile(q)* kann zur Berechnung des q – Perzentils benutzt werden. Mit *amtdf.median()* wird der Median berechnet, wie in Abbildung 38 zu sehen. Um den Interquartilsbereich zu berechnen muss vom 75. Perzentil das 25. Perzentil subtrahiert werden. Die Obergrenze wird abschließend berechnet, in dem man zu dem 75. Perzentil das 1,5 – fache IQR addiert.

```
q1 = amtdf.quantile(0.25)[0]
q3 = amtdf.quantile(0.75)[0]
median = amtdf.median()[0]

iqr = q3-q1
obergrenze = q3+(1.5*iqr)
```

Abbildung 38: Befehle zur Berechnung der Obergrenze

Nach den Berechnungen lässt sich feststellen, dass 50% aller getätigten Transaktionen eine Summe zwischen 9,65 und 83,14 US – Dollar aufweisen. Die Obergrenze liegt dabei bei 193,38 US – Dollar. Transaktionen, die eine Summe über der Obergrenze aufweisen werden als Ausreißer bezeichnet und müssen weiter untersucht werden. Jene Transaktionen können mit der Abfrage *SELECT * FROM frauddet.bankingtrans.transaktionen WHERE amt > 193.38* ausgewählt werden.

Somit wurden aus insgesamt 1296675 Transaktionen, 67279 Ausreißer erkannt und für weitere Analyse bereitgestellt.

---

[86] Vgl. [Pan22]

6   Fazit

Zusammenfassend kann gesagt werden, dass in dieser Projektarbeit die wesentlichen und grundlegenden Konzepte der relationalen Datenbanken, sowie des Data Warehouse erläutert und erklärt wurden. Im Kapitel 3 wurden die verschiedenen Arten der Datenbanken, sowie das globale ER – Modell, auf welchem die relationalen Datenbanken aufbauen, erläutert. Weiterhin wurden die Normalformen bis Boyce – Codd – Normalform mit Beispielen erklärt. Kapitel 4 diente der Vorstellung des Konzeptes des Data Warehouse. Dabei wurde auf die Architektur, mit den drei Ebenen, sowie Datenschemata eingegangen. Außerdem wurde ein Rohdatensatz erfolgreich über eine lokale MySQL – Datenbank in ein cloudbasiertes Data Warehouse überführt. Dabei wurden die Daten mithilfe von Python normalisiert und in eine lokale MySQL – Datenbank geladen. Anschließend wurden die Daten für das Laden in das DWH exportiert und mithilfe von SnowSQL auf die Datenplattform „Snowflake" eingespeist. Abschließend wurden in Python über Kastendiagramme die Ausreißer erkannt. Weiterführend kann mithilfe des maschinelles Lernens ein Algorithmus erzeugt werden, der die betrügerischen Transaktionen anhand mehrerer Attribute erkennt.

Um einen tieferen Blick in die Thematik zu gewinnen, kann die im Literaturverzeichnis aufgenommene Literatur verwendet werden.

Literaturverzeichnis

[Abd22] Abdel-Karim, B. M.: "Data Science: Best Practices mit Python", Springer Vieweg, Wiesbaden, 2022.

[BSS19] Bühler P., Schlaich P., Sinner D.: "Datenmanagement: Daten - Datenbanken - Datensicherheit", Springer Vieweg, Berlin, 2019.

[Bun21] Bundesministerium des Innern und für Heimat: "Open Data" in: https://www.bmi.bund.de/DE/themen/moderne-verwaltung/open-government/open-data/open-data-node.html, 2021, abgerufen am 05.03.2022.

[Cre21] Creative Commons: "CC0 1.0 Universal (CC0 1.0) Public Domain Dedication" in: https://creativecommons.org/publicdomain/zero/1.0/, 2021, abgerufen am 05.03.2022.

[FMS21] Frank R., Meise F., Strugholtz S.: "Bausteine der digitalen Transformation: Wie APIs Unternehmen den Weg in die Programmable Economy ebnen", Springer Gabler, Wiesbaden, 2021.

[Fuc18] Fuchs E.: "SQL - Grundlagen und Datenbankdesign", 5. Ausgabe, Herdt - Verlag, Bodenheim, 2018.

[Gad19] Gadatsch, A.: "Datenmodellierung: Einführung in die Entity - Relationship - Modellierung und das Relationenmodell", 2. Auflage, Springer Vieweg, Wiesbaden, 2019.

[GL10] Geiger C. P., von Lucke, J.: "Frei verfügbare Daten des öffentlichen Sektors", Zeppelin University, Friedrichshafen, 2010.

[Hee21] Heesen, B.: "Data Science und Statistik mit R: Anwendungslösungen für die Praxis", Springer Gabler, Wiesbaden, 2021.

[Her18] Herrmann, F.: "Datenorganisation und Datenbanken: Praxiorientierte Übungen mit MS Access 2016", Springer Vieweg, Wiesbaden, 2018.

[KM19] Kaufmann, M., Meier A.: "SQL & NoSQL Databases: Models, Languages, Consistency Options and Architectures for Big Data Management", Springer Vieweg, Wiesbaden, 2019.

[Pan22] Pandas Development Team: "pandas.DataFrame.boxplot" in: https://pandas.pydata.org/docs/reference/api/pandas.DataFrame.boxplot.html, 2022, abgerufen am 07.04.2022.

[Sch18] Schön D.: "Planung und Reporting im BI - gestützten Controlling: Grundlagen, Business Intelligence, Mobile BI und Big - Data - Analytics", 3. Auflage, Springer Gabler, Wiesbaden, 2018.

[She20] Shenoy K.: "Credit Card Transactions Fraud Detection Dataset - Simulated Credit Card Transactions generated using Sparkov", in: Kaggle, https://www.kaggle.com/kartik2112/fraud-detection, 2020, abgerufen am 23.02.2022.

[Sno21] Snowflake: "Cloud-Datenplattform von Snowflake" in: https://www.snowflake.com/cloud-data-platform/?lang=de, 2021, abgerufen am 31.03.2022.

[Sta19] Stange, M.: "Building Information Modelling im Planungs- und Bauprozess: eine quantitative Analyse aus planungsökonomischer Perspektive", Springer Vieweg, Wiesbaden, 2019.

[Ste21] Steiner, R.: "Grundkurs Relationale Datenbanken: Einführung in die Praxis der Datenbankentwicklung für Ausbildung, Studium und IT-Beruf", 10. Auflage, Springer Vieweg, Wiesbaden, 2021.

[SW21] Shardt Y. A. W., Weiß H.: "Methoden der Statistik und Prozessanalyse: Eine anwendungsorientierte Einführung", Springer Vieweg, Berlin, 2021.

[Web21] Weber, R.: "Betriebliche Anwendungssysteme: Modelle, Integration und Betrieb", 2. Auflage, Springer Vieweg, Berlin, 2021.

[Zei20] Zeisel S.: "Big Data und Data Science in der strategischen Beschaffung: Grundlagen - Voraussetzungen - Anwendungschancen", Springer Gabler, Wiesbaden, 2020.